अज़ाब-ए-ज़िन्दगी

एस. लिंगराज

क्रम-सूची

क्रम-सूची

(लेखक के बारे मे...)

द इंस्टिट्यूट ऑफ़ कॉस्ट एकाउंटेंट्स ऑफ़ इंडिया के एसोसिएट मेंबर, सी.एम्.ए लिंगराज स्वाइँ,

पेशे से वित प्रबंधक और अनुराग से लेखक हैं जो 'हेमंत कुमार' के नाम से परिचित हैं।

वे भुबनेश्वर,ओडिशा के रहने वाले हैं और वहीं पर

ही अपनी शिक्षा पूरी की । वे मध्यबित्त परिवार मे पैदा हुए और जीवन के तमाम उतार-चढ़ाव और चुनौतियों से

भलीभांति परिचित हैं। वे बचपन से हि कविताएं और काहानियां लिखते आ रहे हैं ।

कवितायेँ सुनाने मे बेहद शौकीन वे धीरे धीरे एक प्रेरणादायी तथा कल्पित-वास्तविक लेखक व वक्ता के रूप मे विकसित हुए।

निरंतर सिखने मे यकीन रखनेवाले वे, खुदको और दूसरों को अच्छा बनने और

अच्छा करने, मजबुर से मजबूत बनने तथा दूसरों के दर्द मे सुकून बनने के लिए हमेशा से प्रेरित करते आए हैं ।

उनकी Instagram Id "hemantkumar_slr93" हे।

और email address "id.slingaraj@gmail.com हे।

मुखबंध

प्रिय पाठक,

हम तहे दिल से शुक्र गुज़ार हैं उन तमाम पाठकों का, जिन्होंने हमारे कलम को उनके जज़्बातों को कागज़ पर बयां करने के लायक समझा।

ज़िंदगी की हसीं चौराहों पर हम इसी असमंझस मे खड़े हो जाते हैं के कौनसा रास्ता हमे किस मंज़िल की और ले जायेगा। कभी कभी खुद से शिकायत भी रहती है, उन तमाम क़दमों के लिए जो हम चाहते हुए भी उठा ना सके, उन तमाम चीज़ों के लिए जो हम हासिल कर ना पाए। मगर सही माइनो मे ज़िन्दगी का असली मतलब तो उन तमाम अधूरी ख्वाहिशों के साथ जीने मे ही है। वो ज़िन्दगी आखिर ज़िन्दगी है ही नहीं जो पूरी तरह मुकम्मल हो।

पेहले पेहले लिखना महज़ एक शौक था हमारा,

फिर ये हमारी आदत बनी, और अब हमारी मज़बूरी है।

ना लिखें तो दिल की बातें; दिल मे ही रह जाती हैं।

कभी होठों पे हंसी; कभी आँखों मे नमी रह जाती है,

कभी हमारे कलम की स्याही; सेहमी सेहमी रह जाती है ।

ना लिखें तो दिल की बातें; दिल मे ही रह जाती हैं।

मायने नहीं हर वो जज़्बात जो काल्पनिक हो उसका बास्तविकता से कोई सम्बन्ध नहीं हो सकता। और हर वो जज़्बात जो बास्तविक हो उसे कल्पना के स्याही से तराशा नहीं जा सकता। ऐसे मौकों पर कौनसे जज़्बात बास्तविक हैं और कौनसे काल्पनिक हैं बताना मुश्किल हो जाता है। कुछ ऐसे ही जज़्बातों का खामोश गवाह है ये किताब। कुछ गिने चुने ग़ज़लों और कबिताओं का एक सौगात है ये किताब।

वैसे दिल तो दिल है, आपके हों या हमारे। और दिलों के जज़्बात भी एक जैसे होते हैं। एक दिल के जज़्बात दूसरा दिल मेहसूस भी कर सकता है और समझ भी सकता है। इस किताब के हर एक जज़्बात हमारे ही हैं, ये केहने की गुस्ताखी हम नहीं कर सकते। ये जज़्बातें आपके अपने थे, हैं और हमेशा रहेंगे। ये तो हमारे स्याही की खुशनसीबी है जिसे ये खूबसूरत

मौका मिला। कुछ कमियां और खामियां रेह गए हों तो हम तहे दिल से माफ़ी चाहते हैं। हमारी दुआ हे इस किताब को और आपको आपका प्यार ज़रूर मिले। अधूरी मोहब्बत के सताए हुए एक दिल की चंद अल्फ़ाज़ों से शुरू करते हैं 'अज़ाब-ए-ज़िन्दगी'।

आपके जाने के बाद भी हम जी पाएंगे शायद कभी,

ये सोचा तो था; मगर हो ना पाया।

यादों की देहलीज़ पर कदम नहीं रखेंगे कभी हम,

ये सोचा तो था; मगर हो ना पाया।

नहीं करेंगे कभी फ़िक्र आपका

नहीं करेंगे कहीं जिक्र आपका

ये सोचा तो था; मगर हो ना पाया।

पावती (स्वीकृति)

माँ सरस्वती के चरणों मे शत शत नमन, इतने ख़ूबसूरत तोहफों के लिए हमे लायक समझा।

हमे इतनी ख़ूबसूरत ज़िन्दगी देने के लिए और हमपे और हमारे कलम पे भरोसा करने के लिए मामा और बाबा के चरणों मे शत शत नमन। हम हमेशा आभारी रहेंगे।
हमारे वक़्त को हमारा रेहने देने के लिए सुखरिया बिट्टू जी।

हम सुखरिया अदा करना चाहेंगे उन तमाम अज़ीज़ दोस्तों और प्रशसंको का जिनके प्यार, प्रसंसा और जज़्बातों के साहारे के बिना शायद हम एक लफ्ज़ भी ना लिख पाते। बोहोत बोहोत आभार।

हम सुखरगुज़ार रहेंगे हमारे प्रकाशक का जिन्होंने हमारे कलम पे भरोसा किया और इस किताब को आप तक पहुँचाना सम्भब किया।

तहे दिल से सुखरिया।
बोहोत बोहोत धन्यवाद।

1

वाह क्या केहने...

सफर वीराना हे,
कोई हमसफ़र मिल जाये;
तो क्या केहने।

वक़्त नहीं कट राहा अकेले,
कोई हसीन इत्तेफ़ाक़ हो जाये;
तो क्या केहने।
लुका छिपी तो बोहोत खेल लिया खुद से,
कोई अपना सर
हमारे सीने पे रख जाये;
तो क्या केहने।

मयस्सर हो नहीं रही सुकून,
कोई मुस्कुराके नजरें चुराए;
तो क्या केहने।

नींद से राब्ता कब का टूट चूका,

अज़ाब-ए-ज़िन्दगी

कोई महव-ए-ख्वाब कर जाये;
तो क्या केहने।
बाहार धुप की मानों बारिश हो रही हो,
किसीकी ज़ुल्फों की छावं मिल जाये;
तो क्या केहने।

होने लगी हे घुटन
ख़ामोशी मे डूबते तैरते,
किसीकी सांसों की आहट मिल जाए;
तो क्या केहने।

मधुशाला की मदहोशी से ऊब गए हैं हम,
कोई लबों से पिलादे जाम-ए-शराब;
तो क्या केहने।

मंज़िल तो मौत हे ही, ये तय हे,
ज़िन्दगी उल्फत मे बीत जाये;
तो क्या केहने।

बेवज़ह बोलते रेहने की आदत हे हमे,
कोई होंठों से होंठ सी जाये;
तो क्या केहने।

हम तो जी नहीं पाए अपना बचपन,

एस. लिंगराज

कोई हमारे तुजुर्बे से
अपनी जवानी जी जाये;
तो क्या केहने।

अब और ठोकर खाने की ताक़त
नहीं रही हम में,
कोई अहद-ए-वफ़ा की आस दे जाये;
तो क्या केहने।

आज कल आईने से रूबरू
हो नहीं पाते हम,
कोई हमसे दूर हमे ही ले जाये;
तो क्या केहने।

इम्तेहान...

जो इम्तेहान
ज़िंदगी लेती हे,
उसमे दांव पर
ज़िंदगी ही होती हे।

कभी हो जाती हे
गलती से गलती,
कभी सही करने पर
शर्मिंदगी भी होती हे।

यहाँ सिर्फ औरत ही
दुपट्टे मे कैद नहिं,
मर्द केहके मर्द पे
पावंदी भी होती हे।

जीत जाओ
तो पूरी दुनिया अपनी,

एस. लिंगराज

और हार पर
नजर-अंदाज़ी भी होती हे.

वक़्त की नहिं,
फितरत और नियत की बात हे,
कहीं बगावत
तो कहीं जी- हुज़ूरी भी होती हे।

किसे इंकार हे
नज़दीकियों से,
कभी कभी पैसे कमाने की
मजबूरी भी होती हे।

3

अधूरेपन...

अधूरेपन की जश्न ही तो हे,
साथ खुद जो नहिं;
तो जीना एक भ्रम ही तो हे ।

आने वाला पल मुकम्मल हो
बस वही काफी हे,
जो मुट्ठी में हे;
वो अतीत का भस्म ही तो हे।

अब गैरों से क्या गिला
क्या शिकवा किया जाये,
यहाँ अपने ही;
अपनों के दुश्मन ही तो हैं।

ज़ख्मों को आज तक भी
तरो-ताज़ा रखे हैं,
ये वो लोग हैं;
जिनसे गहरी जान पहचान ही तो हे।

एस. लिंगराज

खंजर का वार
गर्दन के बीचों-बीच ही लगी,
दाग मिट नहिं रहे;
इतने लाल हमारे गिरेबान ही तो हे।

खुद की आवाज़
अपने अंदर ही गूंजती रेह जाती हे,
ये जो चार दीवारी हे;
अंदर मेहेज़ खालीपन ही तो हे।

वक़्त के अंत तक
यादें ही रहेंगे,
जो मिटटी में मिल जाये
ये वो जख्मी बदन ही तो हे।

साँस लेने की तकलीफ नहिं हे,
बस जीना दुस्वार हे,
और वजह-बेवजह
दिल का अकेलापन ही तो हे।

सालों पेहले बड़े होने की जल्दी थी,
सालों पेहले बड़े होने की जल्दी थी,
अभी जिसकी ख्वाहिश हे;
वो हमारा बचपन ही तो हे।

4

इशकज़ादे ...

चाहे अकेले मे मुँह फेर लेना
मगर...
दूसरों के सामने हमे देख के
यूँ ही मुस्कुराते रेहना।

चाहे हमे खाना दो या ना दो
कोई बात नहीं,
मगर माँ बाप की क़दर करते रेहना।

चाहे आप बिस्तर पर
और हम फर्श पर सो जाएं,
कोई शक ना करे इस लिए
हमारे साथ एक ही कमरा बाँटते रेहना।

सात जन्मों की गुज़ारिश
नहीं करेंगे हम,
रिवाज़ों के लिए बस ये ज़िन्दगी
हमारे साथ बिताते रेहना।

एस. लिंगराज

कोई देखे तो उसे ये ना लगे
के हम खुश नहीं,
ज़बरदस्ती सही मगर;
दूसरों के सामने खिल खिलाते रेहना।

चाहे हमसे नज़रें चुरालो
कोई गम नहीं,
मगर रोज़ आईना देख;
आँखों मे काजल लगाते रेहना।

हमारे बीच झगडे तो होंगे जरूर,
हम खुदको गुनहगार मानते रहेंगे;
बस आप वफ़ा निभाते रेहना।

अगर कभी
अंदर से खोखली भी हो जाये,
तब भी;
बाहार से इस रिश्ते को सजाते रेहना।

अपनों से बगावत करके
शादी की हे हमने,
हम खुश हैं;
ये सबको दिखाते रेहना।

5

नासमझ सी आप...

आपको क्या पता
आपकी पोहोंच काहाँ तक हे,
आप जाहां रेहते हो;
उसे हमारा दिल केहते हैं।

किसीने क्या खूब काहा
के चाँद पे भी दाग होते हैं,
हम जिसपे मरते हैं;
उसे आपका तिल केहते हैं।

लफ़्ज़ों और साज़ों की क्या जरूरत,
लफ़्ज़ों और साज़ों की क्या जरूरत,
नग्मों को, नज़्मों को और ग़ज़लों को हम;
आपके कंगन, झुमके और पायल केहते हैं।

तन्हाई मे

एस. लिंगराज

बोहोत ढूंडा आपकी मौजूदगी,
जाहां आपकी तस्वीर लगी हे;
उसे हम सपनो का महल केहते हैं।

दोपेहेर मे चाँद देखने की किस्मत
मयस्सर नहीं होती,
हम आपकी नथनी को
हमारा क़ातिल केहते हैं।

बैद हार गए,
हकीम भी नाकामियाब,
हम आपको मरहम
और खुद को घायल केहते हैं।

शायद आप अनजान हैं
हमारी चाहत से,
ज़िन्दगी की इस सफर मे;
हम आपको अपनी मंज़िल केहते हैं।

दुनिया भले होगा आग का दरिया,
दुनिया भले होगा आग का दरिया,
हम खुद को बवंडर;
और आपको अपना साहिल केहते हैं।

ग़ैरों की नहीं
ख़ुदग़र्ज़ों की दुनिया हे जनाब,

और जो कड़वी मिठास है;
उसे हम अपना खलील केहते हैं।

लोग नशे मे होश खो बैठते हैं,
लोग नशे मे होश खो बैठते हैं,
मगर हम मदहोशी को;
दोस्तों की मेहि़फ़ल केहते हैं।

6

कड़वी सच्चाई...

रिश्तें टूटते भी हैं,
अपने छूटते भी हैं,
ज़िंदगी जीने की फ़िराक़ मे;
अक्सर दम घुट ते भी हैं।

आंखें नम होते भी हैं,
खुशियों मे गम होते भी हैं,
कभी होती हे हम मे कमी;
कभी लाचार हम होते भी हैं।

कभी सपनों के पीछे भागते भी हैं,
कभी सपनो के लिए जागते भी हैं,
कभी करते हैं मेहनत जी-जान से;
कभी कामियाबी की दुआ मांगते भी हैं।

कभी कुछ चेहरे बेनक़ाब होते भी हैं,
हार भी कभी जीत के सबब होते भी हैं,
कभी वक़्त...
तो कभी तक़दीर;

और कभी हालात ख़राब होते भी हैं।

मयस्सर नहीं होती सुकून भी कभी,
ख़त्म हो जाती हे जूनून भी कभी,
फिर कुछ ऐसा भी हो जाता हे;
खोल उठता हे ख़ून भी कभी।

कुछ लोगों का साथ होता भी हे,
सर पर किसीका हाथ होता भी हे,
कभी लगता हे सब ख़त्म हो गया;
कभी क़यामत से शुरुआत होता भी हे।

माना बर्दास्त का हद होता भी हे,
सब सहने वाले को दर्द होता भी हे,
कोई अकेला नहीं सबकी काहानी है ये;
ज़िन्दगी अक्सर बेदर्द होता भी हे।

चलते रेहना ज़िन्दगी का असूल भी हे,
किसी मोड़ पे रुक जाना फ़िज़ूल भी हे,
कामियाबी युहीं नहीं मिलती;
उसके लिये सैकड़ों ज़ख़म
हंस के क़ुबूलना होता भी हे।

7

नाकाम कोशिशें...

बुज़दिल नहीं थे हम,
ना ही कमज़ोर थे,
आसमानों की उड़ान भरने वालों मे से हैं हम;
और वो तलवार की नोक पर;
हमे झुकाने चले थे।

समंदर शृस्टी हे,
जल की, बरसात की, बाढ़ की,
हम वो दरिया हैं जो दायरे से बाहार हे;
और वो फूँक से;
हमे सुखाने चले थे।

झूम जाते हैं हम भी,
शीशों के टुकड़ों पर कभी,
हर कतरे से बेह कर भी हम मुस्कुरा लेते हैं;
और वो बेवजह बोलने वाले;
बातों से हमारा दिल दुखाने चले थे।
उन्हें क्या खबर क्या पता,
हम कितनी बार हुए होंगे लापता,

नाजाने कैसे कैसे लोगों को झेलें हैं हम;
और वो नाम के वफादार;
हमे बेवफाई दिखाने चले थे।

उसदिन वो छलावा खुद,
बयां करने लगा खुद का वजूद,
हर पर्दा बेनक़ाब करना आता हे हमें;
और वो सच्चाई के रखवाले;
हमे झूठी बातें बताने चले थे.
नफरत का रेगिस्तान,
मृगतृष्णा से हम,
फरेब की दुनियां की मानो बादशाहत हो हमे,
और वो मतलबी लोग;
हमसे झूठा प्यार जताने चले थे।

ज़िन्दगी और मौत,
एक जैसे हैं सब,
अपने राख़ से पनपने वालों मे से हैं हम,
और वो हाथ सेकने वाले लोग;
हमे अंगारों से जलाने चले थे।

इन आँखों मे जो पानी हे,
वो मैखाने को भी नशे मे डुबोदे,
शराब हमारे नाम से बदनाम हे याहाँ,
और वो ठेकेदार;
हमे बिलैती पिलाने चले थे।

8
ऐसा कभी नहीं देखा...

शायद उसे भी ऐतबार है
अपने दाग पर,
हमने चाँद को कभी;
आइना देखते देखा नहीं।

उनके रुख़सार पे वो जो तिल है
वही काफी है;
हमने हीरे को कभी;
ज़ेवर पेहेनते देखा नहीं।

चेहरे पे ज़ुल्फों की पेहरेदारी से
वाकिफ हैं हम,
पर हवा चलते कभी;
बादलों को ठेहेरते देखा नहीं।
उन्हें हक़ है
हमे दीदार को तरसाना;

हमने मेहताब को कभी;
बिना इतराये देखा नहीं।
उनकी मदहोशी कहीं
जान ना ले ले हमारी,
किसीको नशा-ए-इश्क़ में;
कभी संभलते देखा नहीं।
उनके हुस्न के नहीं
शक़्शियत के कायल हैं हम,
हमने सादगी को कभी;
बाज़ार में बिकते देखा नहीं।

बेवफाई की इस दौर में
वफ़ा तलाश रहे थे,
पर हमने वफादारों को कभी;
वफ़ा मिलते देखा नहीं।

हालात साथ ना दे
तो हि बेहतर हे;
हमने बिना कीचड़ के;
कभी कमल खिलते देखा नहीं।
साथ चलने वाले
बड़ी मुश्किल से मिलते हैं,
जाने वालों को कभी;
पलट के देखते देखा नहीं।

दिल तोड़ना बोहोत आसान हे,
दिल तोड़ना बोहोत आसान हे,
मगर उन टुकड़ों को कभी;
पेहले जैसे जुड़ते देखा नहीं।

9

और कब तक...

इतना भी मत आज़मा ऐ ज़िन्दगी;
हम थक चुके हैं
खुद को साबित करते करते।

इस से ज्यादा क्या टूटेंगे हम;
हम तो बर्बाद हो चुके हैं
खुद को मजबूत करते करते।
अब और कितना रुलाओगे हमे
ये आज तुम केह ही डालो;
हम मुस्कुराना भूल गए हैं
हसने की आदत करते करते।

दिल के कई टुकड़े हुए
हर टुकड़ों मे उनका चेहरा अब भी हे,
और कब तक सताओगे ये केह भी दो आज;
हम दर्द मे तार तार हो चुके हैं
पत्थर की इबादत करते करते।

हम मुस्कुराना भूल गए हैं
हसने की आदत करते करते।

अपनी ख्वाहिशों को
हक़ीक़त बनाने के लिए
हम लड़ते रहे,
अपनी पहचान बनाने के लिए
सबसे झगड़ते रहे,
अब तो खुद का भी हाथ छूट राहा
अपने ही हाथों से;
बस ये बतादे ज़िन्दगी और कब तक;
भर से गए हैं
अपनों से बगावत करते करते।

हम मुस्कुराना भूल गए हैं
हसने की आदत करते करते।

कभी कोई हमारे बारे मे भी तो सोचे,
हमे भी तो समझे,
कोई ये जान ने की कोशिश तो करे
हम कितने बुरे हैं और कितने अच्छे,
अब और कितना इंतज़ार करें ऐ-ज़िन्दगी;
बोहोत दैर कर दिए हैं हम
दूसरों की ख्वाहिशें जीते जीते।

हम मुस्कुराना भूल गए हैं
हसने की आदत करते करते।

10

हाँ वो बात अलग हे...

दुनिया बदल जाता
कोई गम ना था,
हाँ आप बदल गए;
वो बात अलग है।

नदियां रेगिस्तान बन जाते
तो भी अफ़सोस ना करते,
हाँ आज समंदर ही सुख गया;
वो बात अलग है।

पूनम और अमावस की आंख मिचोली
कुबूल था हमे,
मगर आज सूरज भी ना निकला;
वो बात अलग है।

आपके बिना जीना
दुस्वार है लेकिन,

आप ये जज़्बात ना समझे;
वो बात अलग हे।

माना नींद से रिश्ता
कबका टूट चूका था हमारा,
कल हम पलकें भीगा के सोये;
वो बात अलग हे।

अपनी मर्ज़ी से आज तक
कुछ भी नहीं किया था हमने,
हाँ आपको चुना था खुद के लिए;
वो बात अलग हे।

11

बेहद...

दिल मे मुस्कुराने की
ख्वाहिशें बोहोत हैं;
मगर याहाँ हमे रुलाने की
साजिशें बोहोत हैं।

आज सीढ़ियां चढ़ने की
कोशिश की तो पता चला;
झुकाने के लिए याहाँ
हमारे अपने बोहोत हैं।

दूसरों के अश्कों से अपनी
खुशियां समेट रहे हैं;
आज कल ज़माने मे ऐसे
ठेकेदार बोहोत हैं।

हम किरायदार हैं
तो मालिक वो भी तो नहीं;
फिर भी पता नहीं क्यों

उन्हें ग़ुरूर बोहोत हे।

जो मदहोश हैं
वो ही मजबूत हैं याहाँ;
और जो होश मे हैं
वो मजबूर बोहोत हैं।

हर्फ़-दर-हर्फ़ अपनी किस्मत
खुद लिखने की कोशिश किये थे;
मगर नसीब को हमारे सुकून से
इनकार बोहोत हे।

फिर भी...

ऐ ज़िन्दगी जो मिला नहीं
उसका क्या गिला क्या शिकवा तुझसे;
मगर जो मिला उसके लिए हम
सुखरगुज़ार बोहोत हैं।
सुखरगुज़ार बोहोत हैं।
सुखरगुज़ार बोहोत हैं।

12

कुछ इस तरह...

यादों को समेट कर अजनबी बने हैं;
आज फिर हम मिलेंगे एक गैर की तरह।

कल हम अंगीठी पे सर रख के सो गए थे;
मंज़िल भी दुश्वार है सफर की तरह।

भीड़ मे भी अकेले हो गए हैं हम;
आज गांव भी लगने लगा है
शहर की तरह।

लोग तो युहीं बदनाम कर देते हैं
अच्छों को आज कल;
आग इतनी भी जल्दी नहीं फैलती
झूठी खबर की तरह।

देखा जाये तो हम इतने बुरे भी नहीं;

बस एक नज़र चाहिए
हमारे नज़र की तरह।

शायद हम इस नशे से कभी
उबर ही नहीं पाएंगे;
वो आज भी बाकि हैं हम मे
शराब के असर की तरह।

जिन पर भी ऐतबार किये
सब फरेबी निकले;
वादा लगने लगा है अब
तेज़ खंजर की तरह।

नाजाने कब से
इतने कड़वे हो गए हैं यादें;
अब शहद भी लगने लगा है
ज़हर की तरह।

इस्तेमाल करके फेंक देते हैं अक्सर;
लोग समझने लगे हैं हमे
पुराने अख़बार की तरह।

हम सोये नहीं या घडी बंद हे;
या बस रात लगने लगा है सहर की तरह।

13

वजह...

नाजाने आप ने कितनों को लूटा होगा;
और हम थे के
क़तार मे खड़े होने आये थे।

पता तो था आप
कभी हमारे हो नहीं सकते;
फिर भी हम
सिर्फ आप के होने आये थे।

नाजाने कैसे खिंच लेती हैं आप अपनी तरफ;
आग के पास जैसे हम
पतंग होने आये थे।

बाहार लिखा भी था अंदर आना मना हे;
हम फिर भी आप के सराय मे
मुसाफिर होने आये थे।

पता नहीं काहां खो दिया हमने
वापस जाने का रास्ता;
जैसे आप को पाने मे हम
खुद गुम होने आये थे।

सफ़ेद कपड़ों पे मानो
कीचड़ छिड़का हो किसीने;
जैसे आपके शहर
हम बदनाम होने आये थे।

सबको बताते फिर रहे
शायद कुछ गिर गया होगा;
मगर शायद हमारी आंखें याहॉ
नम होने आये थे।

मुस्कुराने की वजह शायद आप
कभी हो ही नहीं सकती;
सब समझ कर भी हम
अपना खसारा करने आये थे।

शायद कल ये रंग ये रौनक
ख़तम हो ही जायेंगे;
हम लेकिन मौत तक आपके
हमसफ़र होने आये थे।

14

नाकाम इंतज़ार...

आज कल चेहरा
ढक् के चलती हैं वो,
शायद सरफिरे आशिकों के
जुल्म बोहोत हैं।

क्यों की;
उनसे इश्क़ का इज़हार किये हुए,
दीवाने याहाॅ
नाकाम बोहोत हैं।

अब नहीं करनी
इश्क़ दोबारा,
सच्ची मोहब्बत मे याहाॅ
इलज़ाम बोहोत हैं।
उनके लिए जज़्बातें
दफ़न हैं जाहां,
इस दिल मे ऐसे ख़ूबसूरत

अज़ाब-ए-ज़िन्दगी

शमशान बोहोत हैं।

वो चेहरे पे जुल्फ़ों को
बिखेर के चलती हैं,
लगता है उन्हें अपने हुस्न पे
गुमान बोहोत हैं।

अपनी खूबसूरती पे
जायज़ भी है उनका इतराना,
क्यों की खुदा
उनपे मेहरबान बोहोत हैं।

पेहले पेहले तो चिठियों का
बेसब्री से इंतज़ार करते थे हम,
पर हम आज कल के इन तौर तरीकों से
अनजान बोहोत हैं।

बेखुदी की ज़िन्दगी
आखिर ज़िन्दगी ही तो है,
मगर याहाँ
मौत के फरमान बोहोत हैं।

मानते हैं वो हमारे
तक़दीर मे नहीं,
और हम इस बेपनाह इश्क़ से

एस. लिंगराज

परेशान बोहोत हैं।

पता नहीं हम पर से
उनका नशा कब उतरेगा,
उनके लिए मेहफिलों मे हम
बदनाम बोहोत हैं।

15

बड़ा मन करता हे...

इस बंज़र अधूरेपन मे अकेले;
सिर्फ आप से मिलने का मन करता हे।

बिखरे हैं भरे बाजार मे कहीं;
आप मे सिमटने का मन करता हे।

आज तक कोई मनाने नहीं आया हमे,
मगर आज;
आप से रूठने का मन करता हे।
डूबते जा रहे हैं किसी अनजाने गम मे;
अब इस दल-दल से
उभरने का मन करता हे।

कई अर्सों से भरे पड़े हैं आंसुओं से;
अब बरस जाने का मन करता हे।
रेगिस्तान मे रेंगते गिड़-गिड़ाते अब;
किसी शाद्वल मे डूबने का मन करता हे।

एस. लिंगराज

बेखुदी की ज़िन्दगी बोहोत जी लिया;
बस एक आखरी बार
मरने का मन करता हे।

बोहोत चल लिया अकेले ज़िन्दगी मे;
आज आप की पेहलु मे
ठहरने का मन करता हे।

अपने एहसासों के बर्फ तले
जम से गए हैं हम;
अब बस आप की बाहों मे
पिघलने का मन करता हे।

बोहोत रेहलिया
रिवाज़ों को मान कर;
अब हद्द से गुज़र जाने का मन करता हे।

16

पेहचान...

आपके तसव्वुर का ख़ुमार
कुछ यूँ है चेहरे पर,
लोग इसे आपके लम्स की रौनक कहते हैं।

क़ुरबत का इंतज़ार तो
क़यामत तक रहेगी,
आज जिसका इंतज़ार है;
उसे मौत कहते हैं।

लोग अक्सर
होश खो बैठते हैं मैखाने मे,
पीते जो हम हैं
उसे हमारा शौक कहते हैं।
कुछ बड़े पैमाने पे
ख़सारा हुआ हमारा,
और हम ख़ुशनसीब हैं;

एस. लिंगराज

ऐसा लोग केहते हैं।

किसी को कदर नहीं
किसी के जज्बातों की,
आज इंसान को जो चाहिए;
उसे सिर्फ दौलत केहते हैं।

लोग रोज़ मिलते हैं
बस बिछड़ने के लिए,
जो किसीके लिए ना ठेहरे;
उसे वक़्त केहते हैं।

नजाने कितनी रातें
जागके बिताये हैं इसके लिए,
आज लोग जिसे महज़
हमारा दस्तखत केहते हैं।

करोड़ों सलाखें देखे होंगे
ये फ़रिश्तें हमारे लिये,
हम अपनी ज़िन्दगी;
माँ-बाप की बदौलत केहते हैं।

17
असमंझस...

कभी कभी हम
बस ये सोचते हैं;
के हम चुप चाप बैठे;
क्या सोचते हैं।

ज़माना हर रोज़
नये ज़ख्मों से नवाज़ ता हे हमे,
और हम हैं के;
रोज़ पुराने घाव खरोंचते हैं।

शायद पुरे जाहाँ को इल्म हे
हमारे गम का,
वरना बेमौसम ही ये बादल;
रोज़ क्यों बरसते हैं।

सैकड़ों घर होंगे

एस. लिंगराज

उस गली मे लेकिन,
जाने क्यों हमारे कदम;
सिर्फ उसी चौखट पे ठेहेरते हैं।

ख़ुशी के पल
बोहोत जल्द ख़त्म हो जाते हैं,
अभी खामोश हैं;
तो ये वक़्त क्यों नहीं गुज़रते हैं।

खुद को खो कर भी समेट लेंगे उनको;
वो क्यों नहीं
हमारी बाहों मे बिखरते हैं।

18

धीरज...

हमारे फ़रियाद
सही दर तक पहुँच नहीं पाते हैं,
पता नहीं कौन हैं वो लोग
जो रास्ते मे पता बदल जाते हैं।

खुदगर्ज़ बोहोत हैं याहाँ
सब अपने बारे मे सोचते हैं,
जिन्हे किसी की मदद नहीं मिलती
वो खुद-व-खुद संभल जाते हैं।

ज़िन्दगी के इस रास्तों पर
उतार चढ़ाव बोहोत हैं,
अकेले चल पाते हैं जो
वो इतिहास बदल जाते हैं।

ज़िन्दगी के साथ वक़्त बिताने का
बोहोत मन हे हमे,

एस. लिंगराज

मंज़िल-ए-क़यामत बोहोत नज़दीक है जनाब
चलिए पैदल जाते हैं।

ये जो ज़माने के ठेकेदार हैं
चैन से जीने नहीं देंगे,
प्यास लगी है बोहोत अगर
तो किसी मैखाने मे ठहर जाते हैं।

जितना दूर भागोगे जान-ए-मन
उतना ज्यादा भटकोगे,
थक गए हो तो चलो
हमारे यादों के महल जाते हैं।

वक़्त वक़्त की बात है
याहाँ अवल भी हार जाते हैं,
और ज़िन्दगी के इस जुए मे कभी
खोटे-सिक्के भी चल जाते हैं।

बुलंदियां हासिल हो जाये
तो थोड़ा ठहर के देखना पीछे
आपको रोकने वाले
आपकी तरक्की से कैसे जल जाते हैं।

19

मजबूरी...

आज माँ ने काहा उनको भूल जाने को,
हमने भी क़ुबूल कर लिया;
जीतेजी मौत को गले लगाने को।

उनके पास आशिक़ों की कमी नहीं,
आंशु छलक जायें या जमे रहें;
कोई नहीं आता हमे चुप कराने को।

दर्द हमे भी हे,
शायद उन्हें भी हे,
फर्क बस इतना हे मगर;
हमारे पास कोई नहीं
हमे इस हाल-बेहाल मे सँभालने को।

हम मानते हैं वो बज़्मों की शान हैं,
और हम सो भी जाएं किसी कोने मे कहीं;
कोई नहीं आता

एस. लिंगराज

हमे उस ख्वाब से जगाने को।

वो समंदर हैं,
और हम कोई बंजर रेगिस्तान,
भीगना तो दूर;
कोई सावन नहीं आता प्यास बुझाने को।

मूरत हैं वो,
हम एक गुमनाम पत्थर,
इबादत के लायक तो नहीं;
मगर फ़रिश्तें भी नहीं आते
हमे इस बद-किस्मती से बचाने को।

20

सोचा न था...

दुनिया बदल जाती हे
सुना था मगर,
इस क़दर आप बदल जाओगे;
ये सोचा ना था।

गैरों से नज़रें मिलाते मिलाते आप,
आज हमसे नज़रें चुराने लगोगे;
ये सोचा ना था।

अच्छा होता
के आप कभी पास आये ना होते;
पर बीच में यूँ साथ छोड़ जाओगे;
ये सोचा ना था।

बे-मुकम्मल रिश्तों के साथ साथ हम;
यूं खुद का भी मातम मनाएंगे;
ये सोचा ना था।

एस. लिंगराज

हमारे दिल के परिंदे
जिनके पर कट चुके थे;
आज यूं ही उड़ने को तरसते रहेंगे;
ये सोचा ना था।

अपने जज़्बातों को
दिल मे दफ़नाने के बाद भी हम,
यूं आपकी यादों मे तड़पते रहेंगे;
ये सोचा ना था।

आपसे बिछड़ने के बाद भी हम;
यूं सांस लेते रहेंगे;
ये सोचा ना था।

खुद पीकर अपने ही अश्कों के जाम,
हम अपने पैरों पे चलेंगे;
ये सोचा ना था।

21

डर...

चोरों से नहीं,
पेहरेदारों से डर हे;
सफ़ेद कमीज़ वाले
गुनाह-गारों से डर हे।

आग तो बुझ जाता हे
पानी के बौछारों से;
हमे तो सिर्फ देहेकती अंगारों से डर हे।

हम तो आज़ाद परिंदे हैं;
हमे ऊंचाई से नहीं,
सिर्फ बेड़ियों और ज़ंजीरों से डर हे।

भगवान तो आखिर मुआफ कर ही देंगे;
हमे तो राह चलते इन फकीरों से डर हे।

एस. लिंगराज

अमीरों की ताक़त का सामना तो
हँसते हँसते कर लेंगे हम;
हे तो सिर्फ लाचारों की
बद-दुआओं से डर है।

दुश्मन तो शिद्दत से
दुश्मनी निभाते हैं;
हमे अपनों के बीच शामिल
इन ख़ुदग़र्ज़ों से डर है।

गांव तो अब भी
कील-कारियों से भरा है;
हमे अकेलेपन से सन्न
इन शहरों से डर है।

सैलाब को तो दिल मे
समा सकते हैं हर रोज़;
बस किनारों पे घर तोड़ने वाले
इन लहरों से डर है।

तुफानो मे भी
आशियाना बना लेते हैं हम;
हमे तो लौ बुझाने वाले
हलके हवाओं से डर है।

फांसी लगादो हमे
अगर गलती हे हमारी;
हमे गुनाह किये बिना

इन सज़ाओं से डर है।

आंशुओं से घबराना
कब का छोड़ दिए हैं हम;
आज कल तो हमे सिर्फ
खुश होने की वजहों से डर है।

कोई गाली देके चला जाये
वो हमे कुबूल हे;
अब तो हमे आज कल
मीठे अल्फ़ाज़ों से डर है।

आपकी गलती नहीं
ये किस्मत हमारी है;
जुदाई से नहीं
हमे नज़दीकियों से डर है।

नाजाने कितनी दफा
बेइज़्ज़ती किये होंगे वो लोग;
अब अकेलेपन से नहीं
ऐसे मेहफिलों से डर है।

आप आते ही जाने की बात करने लगे;
आपसे मुलाक़ातों की
इन सिलसिलों से डर है।

एस. लिंगराज

इतने धोखे खाये हैं ज़िन्दगी में;
अब बेवफाओं से नहीं
नकाब-पॉश वफादारों से डर हे।

नाजाने कितने मौसम
बदलते रहते हैं हर रोज़;
अब पतझड़ से नहीं
ख़ूबसूरत बाहारों से डर हे।

अब रौशनी और अंधेरे की इस
लुक्का-छिप्पी मे;
हमे सिर्फ इन ख़ूबसूरत चेहरों से डर हे।

22

मनमर्ज़ियाँ...

खामोश एक अरसे से हे वो,
अगर आज कुछ दिल खोल के
केहना चाहती हे;
तो उसे केहने दो।

अब तक वो सिर्फ
तुम्हारे हिसाब से चलती रही,
अगर आज अपनी मर्ज़ी से
बेहना चाहती हे;
तो उसे बेहने दो।

गुस्से मे छोटी छोटी बातों पे
भड़क जाती है तो क्या हुआ,
गलती समझने पर अगर
रोना चाहती है;
तो उसे रोने दो।

हर एक पल किसी और की मर्ज़ी से

एस. लिंगराज

जीती रही है वो,
अब अगर वो खुदमे
गुम होना चाहती है;
तो उसे होने दो।

सब को अपनी आंचल तले
धुप से बचाये रखती हे,
आज अगर खुद बारिश मे
उछलना चाहती हे;
तो उसे भीगने दो।

नाजाने कितने आंशु छुपा रखी होगी
अपनी उस हंसी के पीछे,
अगर आज वो सचमे
खुश रेहना चाहती है;
तो उसे रेहने दो।

23
आखिर क्यों...

पता नहीं ऐसा क्यों हुआ;
ज़िन्दगी इतना मुश्किल जो यूं हुआ।

मैं उसके नफरत के भी
लायक नहीं शायद;
तो फिर वो मेरे प्यार के
क़ाबिल क्यों हुआ।

जितने भी साजिशें हुए मेरे खिलाफ;
आखिर वो उन साजिशों मे
शामिल क्यों हुआ।

मैंने तो उस से वफ़ा की उम्मीद
कभी रखा ही नहीं;
फिरभी वो बेवफा
मेरे वफ़ा का क़ातिल क्यों हुआ।

एस. लिंगराज

अंधों की तरह आंख मूंद कर
भरोसा करता था जो;
आज पता चला
ठोकर ही उसका मंज़िल क्यों हुआ।

पीठ पीछे
खंजर मारते रेहते हैं हर रोज़;
आज इंसान
इतना बुज़दिल क्यों हुआ।

24

ये भी करके देखते हैं...

पता नहीं वक़्त, हालात और तकदीर
कब बदल जायें;
चलो आज फिर एक बार
कोशिश करके देखते हैं।

मैखाने मे दोस्त
जिगरी बन जाते हैं अक्सर;
चलो आज दो शिशें
टकराके देखते हैं।

जान पेहचान वाले
नफरत करने लगे हैं हमसे;
चलो आज किसी अजनबी से
दिल कि बातें करके देखते हैं।

एस. लिंगराज

सुना था प्यार
अल्फ़ाज़ों का मोहताज़ नहीं;
फिर भी आज एक बार
उनसे इज़हार करके देखते हैं।

दूसरों के नज़र मे तो
हर कोई गिरा हुआ हे आज कल,
चलो आज आईने मे खुदसे
नज़रें मिलाके देखते हैं।

अपने ही अपनों को धोखा देने मे
बन चुके हैं माहिर;
चलो आज किसी मेहफ़िल मे
ये ऐलान करके देखते हैं।

25

बोहोत देर कर दी...

हमे भूल गयी हे
ये वो आज तक केहती रही,
और हमारे लिखे खत;
दुपट्टे से छुपाती रही।

दिल पे ठोकर लगा
गुरूर ज़ख़्मी भी हुआ,
मगर फिर भी कल;
वो अकड़के चलती रही।

हमारा ज़िक्र तब ना किया
जब हम फ़िक्र करते थे,
और कल किसी और के साथ;
हमे देख के जलती रही।

आंशु छुपाके मुस्कुराना तो

एस. लिंगराज

कभी वक़्त था
हम चक्कर लगाते थे उनके,
कल वो हमारे सामने;
इधर उधर भागति रही।

ठुकरा दिया था
हमारे सांसों की गर्मी को उस दिन,
और कल वो रात भर;
सर्द से थर-थराति रही।

26

बस...

हम हारे नहीं हैं
थोड़ा थके हैं बस,
ज़िन्दगी के इस भूल भुलैया मे
थोड़ा भटके हैं बस।

गैर तो ख़ुशी ख़ुशी
गले लगा लेते हैं आज कल,
अपनों की नज़रों मे आज तक
खटके हैं बस।

सांसें रुकने की देरी है,
धड़कनों की मजबूरी है,
हम ज़िन्दगी और मौत के बीच
आज लटके हैं बस।

हम कबके मंज़िल तक पहुंचगए होते,
उनके ही इंतज़ार मे हम
रुके हैं बस।

एस. लिंगराज

जो भी मिले अपने अंदर
समेट लेते हैं आज कल,
ये ज़माने के ठेकेदार
भूखे हैं बस।

ज़माना तो रईसों का था,
हे और रईसों का रहेगा,
याहाँ गरीबों के होंठ
सूखे हैं बस।

27

गर्दिशें...

हर पल सिर्फ उनका ही
ख्वाब देखते हैं,
हम आहिस्ता यादों मे
शहद घोलते हैं।

कुछ यूँ हि रोशन हो जाती हे ज़िन्दगी,
उनके लम्स से दर्द
मोम की तरह पिघलते हैं।

शायद उनको इल्म नहीं
कितने अधूरे हैं हम,
हम मदहोशी मे भी
उनही का नाम लेते हैं।

उनके ख़यालों का खुमार हे बस,
लोग युहीं नहीं हमे

एस. लिंगराज

बेहोश-बेज़ुबान बोलते हैं।

बड़ा मन करता हे
दास्तां-ए-दीवानगी सुनाने को,
जब धीमे धीमे वो
हमारे करीब आते हैं।

आशना मयस्सर हो ही जाती हे अश्कों मे,
उनके अक्स जब हम
अपनी परछाई मे देखते हैं।

अफ्सों से आगोश मे मानो
सदियों तक रखलें,
वो अलविदा केहने जब
हमारे नज़दीक आते हैं।

बड़ा इज़्तिरार मेहसूस होता हे कभी कभी,
हम शाम-ए-वस्ल का
बेहद इंतज़ार करते हैं।

दरमियां ये जो दूरी हे,
अर्सों की मजबूरी हे,
कुछ हसिन मुलाक़ातों के लिए;
हम हर दर्द क़ुबूल करते हैं।

ये कैसी गर्दिश हे,

शायद क़यामत नज़दीक है;
हम अपनी हसरतें बस
ख़ुद को ही सुना पाते हैं।

28

ज़रा पता तो चले...

सोचते हैं आफताब को थोड़ा क़रीब से देखें,
उसका दिल आखिर जल क्यों रहा हे;
ज़रा पता तो चले।

असमंझस मे हैं के रोयें या मुस्कुराएं,
दिल का मौसम इतना बदल क्यों रहा हे;
ज़रा पता तो चले।

जानते हैं वो हमारी तक़दीर मे नहीं,
उन्हें सोच के दिल इतना मचल क्यों रहा हे;
ज़रा पता तो चले।

याद नहीं कब से सर झुकाए
चल रहे हैं हम,
ज़िन्दगी हमे यूँ मसल क्यों रहा हे;
ज़रा पता तो चले।
उनका चेहरा दोबारा ना देखने की
कसम खाये थे हम,

आज उनकी आवाज़ सुनकर
दिल पिघल क्यों रहा हे;
ज़रा पता तो चले।

बरसों बाद उनकी गली से
गुज़र रहे हैं हम,
ये वक़्त आज यूँ ठेहर क्यों रहा हे;
ज़रा पता तो चले।

मालूम हे जल जायेंगे
आग की तपिश मे,
फिर भी पतंगा की तरह
दिल बेहेक क्यों रहा हे;
ज़रा पता तो चले।

शाम से यारों की मेहफ़िल
लगी हुइ थी अब तक,
रात मे सन्नाटा यूँ फ़ैल क्यों रहा हे;
ज़रा पता तो चले।

धड़कनें बे-आवाज़ हैं सर्द रातों जैसी,
फिर भी ये जिन्दा लाश
चल क्यों रहा हे;
ज़रा पता तो चले।

29

काहानी...

नफरत के किस्से नहीं
ये तो इश्क़ की काहानी हे,
जो मुकम्मल हो ना सका;
बस वही तो बतानी हे।

इस टूटे मकान पे
नाजाने कितना कुछ गुज़रा,
जो बच गया गर्दिशों के बाद;
बस एक अधूरी ज़िंदगानी हे।

पता नहीं काहाँ ओझल हो गये
वफ़ा के रखवाले,
ये जो बेवफाई हुई;
पूरी कायनात को सुनानी हे।

जो टूट जाये वो शायद ही कभी जुड़े
मगर खरोंच तो रह ही जाएगी,

ये दाग़ मिटने नहीं देंगे;
इन ज़ख़्मों से वादा निभानी हे।

आज उन्हें भी कतार मे खड़े हुए देखा
जो कभी तख़्त पे हुआ करते थे,
अब इस्पे क्या घमंड करना;
बस दो दिन की जवानी हे।

कयामत का दौर हे
आने जाने के सिलसिले हैं,
मौत की मुट्ठी से बस;
दो पल की सांसें चुरानी हे।

वो गांव अब बोहोत दूर हे
जाहां से सफर शुरू किये थे कभी,
घर लौटने के रास्तें अब;
बस थोड़ी जानी पेहचानी हे।

हमारी मौजूदगी से किसीको
कुछ भी फर्क ना था,
बिना बोले चले गए जो;
पुरे शहर मे सनसनी हे।

अब आज कल
धुंधली दिखने लगी हे दुनिया,
शायद कुछ गिर गया;
तबसे आँखों मे पानी हे।

एस. लिंगराज

जो चला गया
वो अपना कभी था ही नहीं,
ये जानते तो थे पहले से
अब ख़ुद को ये बात समझानी है।

ज़ेब खाली थी
और आँखों मे थे सपने,
जिन्होंने मुँह फेरा था उसदिन;
उन्हें उनकी औकात दिखानी है।

जिन जिन दरवाज़ों से कभी
ठुकराया गया था हमे,
हर वो दर आज;
अपने क़दमों मे झुकानी है।

30

सफर...

कोई मंज़िल
कितना भी ख़ूबसूरत क्यों ना हो,
मगर सफर से खूबसूरत
हो नहीं सकता।

मिलते तो हैं सैकड़ों लोग
इस सफर-ए-ज़िन्दगी मे,
मगर हर कोई
हमसफ़र हो नहीं सकता।
चौराहें तो बोहोत आएंगे
हमे उनमे से कोई एक चुनना पड़ेगा,
रास्ते का हर एक मोड़ तो
हमारा हो नहीं सकता।

कभी कभी भरोसा करना पड़ता हे
अनजान सड़कों पर,
जो तय किया सफर
वो फिर दोबारा हो नहीं सकता।

एस. लिंगराज

कहीं कहीं थोड़ा ठेहेर कर
फिर आगे चलना भी पड़ता है,
हर ठिकाना हमारा
बसेरा हो नहीं सकता।

खाली हाथ तो आये थे,
जाना भी ख़ाली हे,
इस बाज़ार मे कभी किसीका
खसारा हो नहीं सकता।

31

मसला...

सब की ज़िन्दगी
बेयक़ीनी मे गुज़र रही हे,
कोई किसी दूसरे की फ़िक्र
करना नहीं चाहता।

अपना ज़मीर बेच आये हैं
चोर बाज़ार मे कहीं;
कोई इनसानियत का ज़िक्र
करना नहीं चाहता।

क़ुरबत की ख्वाहिश तो
सबको हे यहाँ,
कोई दूसरे के गम मे
रोना नहीं चाहता।

सब गलत को भी सही
बताते जा रहे हैं;
क्यों के कोई भि बेरोज़गार

एस. लिंगराज

होना नहीं चाहता।

ईमानदारी मानो बोहोत
मेहेंगी हो गयी हो,
कोई दिल मे इसे
पनाह देना नहीं चाहता।

सब बनावट के पीछे
भागते फिर रहे हैं;
कोई सादगी पे फनाह
होना नहीं चाहता।

मसला ये नहीं
के याहाँ लोग बुरे हैं,
दिक्कत ये हे
कोई अच्छा
बनना नहीं चाहता।

सब बोल रहे हैं
एक दूसरे को झूठा;
मगर कोई सच्चा
बनना नहीं चाहता।

लफ़्ज़ों मे बताना मुसकिल होता शायद,
नज़्मों ने आसान करदिया
जज़्बातों को बयां करना।
कुछ कोशिशें थी जो नाकाम रहे,

कुछ फैसलें थे जो नामुनासिब रहे,
नियत तो हमेशा साफ़ ही थी हमारी;
कुछ गलत रहे
तो वो सिर्फ और सिर्फ
हालात रहे।